SuperStars

Schützt unseren Regenwald

Robert Sheehan

Inhalt

Was ist das Besondere am Regenwald? 4
5 Etagen des Lebens 6
Waldsäugetiere und Vögel 8
Was krabbelt und hüpft denn da? 10
Ureinwohner 12
Die grüne Lunge der Erde 14
Der Wasserkreislauf 16
Mehr Waldrodung – weniger Artenvielfalt 18
Das Weltklima ändert sich 20
Helft unseren Regenwäldern! 22
Worterklärungen 23
Stichwortverzeichnis 24

Wörter, die **fett** gedruckt sind, werden auf Seite 23 erklärt.

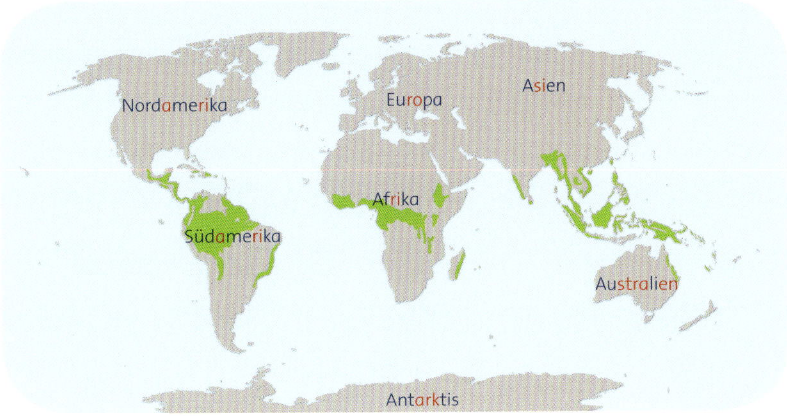

Die Regenwälder der Erde, 2009

Regenwälder sind besondere Orte. Nirgends sonst gibt es so viele verschiedene Tier- und Pflanzenarten. Noch vor 500 Jahren waren ein Siebtel (rund 14 Prozent) der Erde von Regenwald bedeckt. Doch in den letzten 100 Jahren schritt ihre Zerstörung immer schneller fort. Inzwischen haben die Menschen den Baumbestand mehr als halbiert.

Nur 4 Prozent des Regenwaldes sind geschützt. Doch die **Ressourcen** des **nicht erneuerbaren** Regenwaldes sind zu wertvoll, um einfach zerstört zu werden.

Was ist das Besondere am Regenwald?

Regenwälder haben sich in Millionen von Jahren zu vielschichtigen **Ökosystemen** entwickelt. Sie sind das Zuhause für mehr als 5 Millionen Arten von Pflanzen und Tieren, die sich speziell an diese Umgebung angepasst haben. Sie bilden einen eigenen **ökologischen** Lebensraum mit dem größten **Artenreichtum** überhaupt. Mehr als 50 Prozent aller auf der Erde lebenden Arten findet man hier und oftmals nirgendwo anders.

In den tropischen Regenwäldern wachsen eine Fülle von Nahrungsmitteln. Dazu gehören zum Beispiel:

- Mangos, Bananen, Feigen, Kokosnüsse, Avocados, Ananas und Tomaten
- Zimt, Kakao, Ingwer, Kaffeebohnen, Vanille, Zuckerrohr und ‚Cashewnüsse'

Wilde Bananen

Die Bäume im Regenwald produzieren Sauerstoff. Dabei verbrauchen sie Gase, die für die **globale Erwärmung** verantwortlich sind.

5 Etagen des Lebens

Tropische Regenwälder haben fünf Etagen.

Die Baumriesen – sie ragen über das Hauptkronendach hinaus.

Die Kronenschicht bildet einen dichten Schirm aus Blättern. Er lässt nicht viel Licht oder Wind zu den darunterliegenden Stockwerken durch.

Durch diese gleichbleibenden Verhältnisse beherbergt die mittlere Schicht viele verschiedene Lebensformen.

Die Kraut- und Strauchschicht ist das Zuhause von Pilzen, Wurzeln, Kleinlebewesen und Insekten. Abgestorbene Pflanzen und Tierkadaver verrotten hier.

Flüsse und Seen bilden die Wasserschicht. Hier leben Schildkröten, Otter und viele verschiedene Fischarten.

Die Blüte der Rafflesia kann im Durchmesser bis zu 1 Meter groß werden.

Das Amazonasbecken in Südamerika beherbergt:

- etwa ein Fünftel des Frischwassers der Erde
- so viele verschiedene Fischarten wie in einem der Weltmeere

Die Wurzeln der Würgefeige können den Wirtsbaum töten.

Waldsäugetiere und Vögel

Die Tiere des tropischen Regenwaldes unterscheiden sich auf interessante Weise von allen anderen Tieren. Sie haben sich prima an ihren speziellen Lebensraum angepasst.

Die intelligentesten und aktivsten Säugetiere sind die Affen. Schimpansen stellen hammerartige Werkzeuge her, mit denen sie Nussschalen knacken oder im Totholz nach Insekten graben.

Das Faultier verbringt die meiste Zeit damit, an einem Ast zu hängen oder sich sehr langsam zu bewegen.

Was haben Loris, Papageien und Aras gemeinsam? Ihr bunt schillerndes Gefieder – um nur eine Sache zu nennen. Sogar die Regenwald-Tauben sind bunt. Vögel nutzen die farbigen Muster ihrer Federn, um Weibchen anzulocken und um sich zu tarnen.

Das Männchen des blauen Paradiesvogels versucht mit einer besonderen Darbietung das auserwählte Weibchen zu beeindrucken. Dafür zeigt es kopfüber seine leuchtenden Schwanzfedern.

Der akrobatische blaue Paradiesvogel

Was krabbelt und hüpft denn da?

Sowohl auf dem Boden als auch im Boden des tropischen Regenwaldes wimmelt es nur so von Kleinlebewesen. Insekten sind allen anderen Tieren zahlenmäßig überlegen. Überall graben und krabbeln Käfer und Tausendfüßler.
Sie alle sind schmackhafte Leckereien für die größeren **Reptilien** und **Amphibien**.

Vom nur 3,3 cm großen Chamäleon bis zur 6 m langen Anakonda – die Waldbewohner haben sich perfekt an ihre Umgebung angepasst.

Die klebrige Zunge des Chamäleons schießt aus dem Maul. Sie greift sich blitzschnell die Beute und schnellt mit ihr ins Maul zurück.

Leuchtende Farben können Gefahr signalisieren. Pfeilgiftfrösche stellen grelle Farben zur Schau. Damit warnen sie andere Tiere davor, sie anzugreifen. Die Pfeilgiftfrösche nehmen ihr Gift durch das Verspeisen giftiger Insekten auf.

Reibt man eine Pfeilspitze an der Haut eines Pfeilgiftfrosches, wird sie zur tödlichen Waffe.

Ureinwohner

Etwa 50 Millionen **Ureinwohner** lebten und leben seit Generationen in den Regenwäldern. Sie besitzen eine Fülle von Wissen über die Wälder. Noch heute achten diese Menschen die Natur und kümmern sich besonders um die uralten Bäume. Sie verstehen, dass nur in einem gesunden Regenwald Früchte, Gemüse und Heilpflanzen wachsen können.

Ureinwohner schätzen die Pflanzen des Regenwaldes wegen ihrer Heilkraft. Es ist wichtig, diese Pflanzen vor dem Aussterben zu bewahren.

Etwa jedes vierte bei uns gebräuchliche Medikament enthält Wirkstoffe von Regenwaldpflanzen wie diese.

Die Borke des Chinarindenbaumes beinhaltet Stoffe, die gegen Malaria helfen.

Bestimmte Teile der Myrte werden zum Beispiel genutzt, um Krebs zu behandeln.

Auch die heute noch am Amazonas lebenden Eingeborenenstämme wissen viel über die Heilkraft der Pflanzen im Regenwald. Nur sehr wenig dieses Wissens wurde an die restliche Welt weitergegeben. Mit den Regenwäldern verschwindet das Zuhause der Ureinwohner und damit auch ihr wertvolles Wissen.

Die grüne Lunge der Erde

Der Regenwald des Amazonas bedeckt eine Fläche von fast 5,4 Millionen Quadratkilometern. Damit macht er mehr als die Hälfte des auf der Erde noch übrigen Regenwaldes aus und produziert etwa ein Fünftel des Sauerstoffs der Erde.

Etwa 20 Prozent des Regenwaldes am Amazonas wurde in den vergangenen 40 Jahren zugunsten von Weide- und Farmland abgeholzt. In vielen Teilen der Welt, wo dicht bewaldete Gebiete gerodet werden, brennt man das Holz einfach ab. Der Rauch der Feuer verschmutzt die Atmosphäre mit Kohlenstoffdioxid, das für die globale Erwärmung mitverantwortlich ist.

Um den Regenwald zu roden, brennt man die Bäume einfach ab.

Bei der Fotosynthese von Pflanzen setzen die grünen Blätter Sauerstoff frei. Dafür entnehmen sie aus der Luft Kohlenstoffdioxid. Je mehr Pflanzen zerstört werden, desto mehr Kohlenstoffdioxid bleibt in der Luft.

Der Wasserkreislauf

Große Mengen Wasser werden im Regenwald fortwährend recycelt. Nur ein Viertel der benötigten Wassermenge liefern die Ozeane. Um sich gegen die Sonnenstrahlung zu schützen, **verdunsten** die Bäume Wasser über ihre Blätter. Diese Feuchtigkeit steigt auf, es bilden sich Wolken und es regnet. Unter dem dichten Blätterdach bleiben Luft- und Wassertemperatur nahezu konstant.

Der Wasserkreislauf funktioniert aber nur, wenn es große, zusammenhängende Waldflächen gibt. Wird der Wald zerstört, regnet es weniger. Die Erde trocknet aus und wird vom Wind abgetragen. Es entstehen lebensfeindliche Gebiete.

Regenwälder sorgen dafür, dass es mehr regnet. Pflanzen können so besser wachsen.

Wusstest du, dass im Regenwald pro Jahr bis zu 10 415 mm Regen fällt? Der feuchte Waldboden ist übersät mit lebenden Organismen und verwesenden Stoffen. Sie produzieren Nährstoffe, die Pflanzen und Bäume brauchen.

Insekten, Pilze und Bakterien zersetzen totes Material und verwandeln es in **Nährstoffe**.

Mehr Waldrodung – weniger Artenvielfalt

Die Menschen, die den Regenwald zerstören, haben es auf die uralten Baumriesen abgesehen. Tropenholz ist wertvoll, weil es hart und langlebig ist.

Die Abholzung schadet dem Boden und den empfindlichen Pflanzen.

Tiere wandern ab oder sterben, wenn ihr **Biotop** vernichtet wird. Die Artenvielfalt kann aber nicht ersetzt werden. Viele Tierarten drohen **auszusterben**.

Etwa 1800 Tierarten der Regenwälder sind vom Aussterben bedroht, darunter Orang-Utans in Borneo, Tiger auf Sumatra, Berggorillas und viele Papageienarten.

Das Weltklima ändert sich

Unsere Erde ist empfindlicher, als wir uns vorstellen können. In Millionen von Jahren hat sie sich auf natürliche Weise stetig und langsam verändert. Die von Menschen verursachten Veränderungen dagegen brauchten nur 100 Jahre, um sich global auszuwirken.

Viele Fabriken verschmutzen die Luft mit Kohlenstoffdioxid. Auch bei der Zerstörung der Regenwälder entsteht Kohlenstoffdioxid. Der Anstieg von Kohlenstoffdioxid ist die Ursache für die globale Erwärmung.

Auf der gesamten Erde regnet es weniger und dadurch wird es insgesamt trockener.

Grafik der Durchschnittstemperatur auf der Erde, hochgerechnet bis 2010

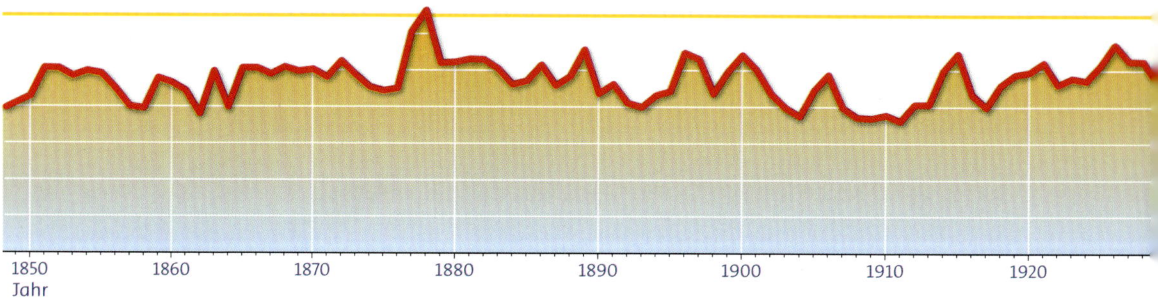

Die Zerstörung der Regenwälder schädigt die Umwelt.

Auch weil das Klima wärmer und trockener wurde, können die Regenwälder sterben. Bald werden wir ihre vollständige Zerstörung und den **Klimawandel** nicht mehr aufhalten können.

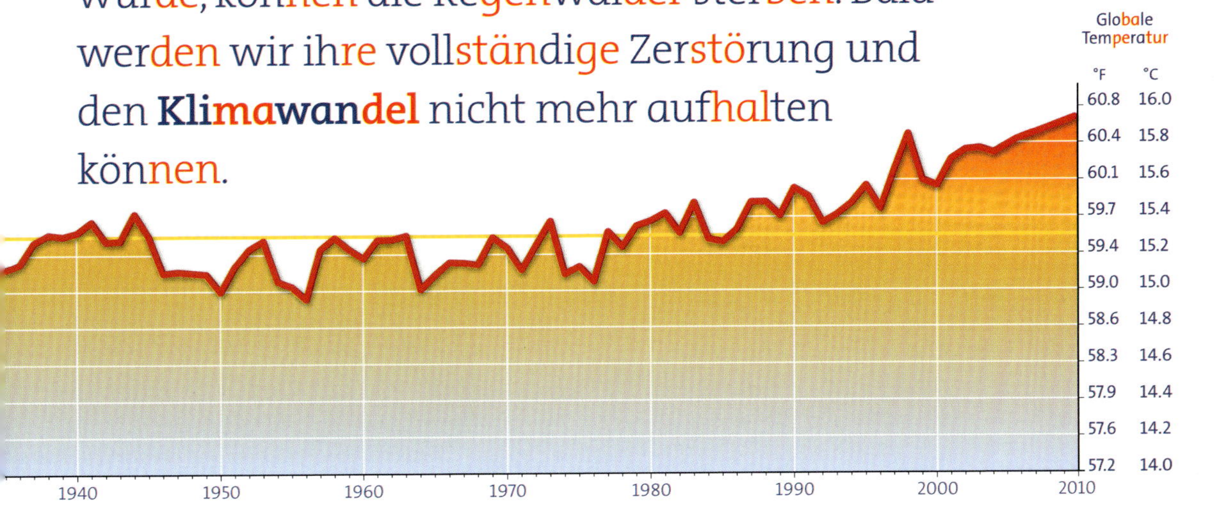

Helft unseren Regenwäldern!

Wenn die Vernichtung der Regenwälder weiter in dieser Geschwindigkeit fortschreitet, wird 2020 fast 80 Prozent des „Ökosystems Regenwald“ verschwunden sein.

Um unsere Umwelt zu retten, müssen wir jetzt handeln. Damit die Welt eine Zukunft hat, müssen wir uns um die Regenwälder kümmern.

Was du tun kannst, um den Regenwäldern zu helfen:

- Zusammenhänge verstehen
- Einen Zoo besuchen
- Einen Artikel für die Lokalzeitung schreiben
- Eine Umweltschutz-Gruppe unterstützen
- Ein Regenwald-Projekt für die Schule erarbeiten
- Weniger Papier verbrauchen
- Spenden sammeln für eine bedrohte Tierart

Worterklärungen

Amphibien	Tiere, die an Land leben, aber im Wasser brüten, zum Beispiel Frösche
Artenvielfalt	die Vielfalt von Tier- oder Pflanzenarten
aussterben	alle Tiere einer Art sind gestorben
Biotop	eine Umgebung, in der bestimmte Tiere und Pflanzen leben
Fotosynthese	mithilfe von Licht wird aus Kohlenstoffdioxid Sauerstoff
globale Erwärmung	der Anstieg der Durchschnittstemperatur in der Atmosphäre und der Meere
Klimawandel	das veränderte Wetter, das von der globalen Erwärmung verursacht wird
Nährstoffe	Nahrung für Pflanzen, die mit den Wurzeln aus der Erde aufgenommen wird
nicht erneuerbar	etwas ist nicht ersetzbar
ökologisch	die ausgeglichene Beziehung zwischen den Lebewesen und ihrem Lebensraum
Ökosystem	ein Bereich, in dem Lebewesen aufeinander angewiesen sind und zusammen leben
Reptilien	wechselwarme Landwirbeltiere mit Schuppen oder Hornplatten, wie Schlangen, Eidechsen oder Schildkröten
Ressourcen	natürlich vorkommende Bodenschätze
Ureinwohner	Menschen, die dort geboren wurden und leben, wo schon ihre Ahnen geboren worden sind
verdunsten	wenn Wasser vom flüssigen in den gasförmigen Zustand übergeht

Stichwortverzeichnis

Amphibien ... 10
Bedrohte Arten ... 18, 19, 22
Blauer Paradiesvogel ... 9
Chamäleon ... 10
Fotosynthese ... 15
Globale Erwärmung ... 5, 14, 20
Heilpflanzen ... 12, 13
Klimawandel ... 21
Kohlenstoffdioxid ... 14, 15, 16, 20
Nahrungsmittel ... 4
nicht erneuerbare Ressourcen ... 3
Pfeilgiftfrosch ... 11
Regenwald des Amazonas ... 14
Reptilien ... 10
Sauerstoff ... 14, 15, 16
Schimpansen ... 8
Ureinwohner ... 12, 13
Wasserkreislauf ... 16